I0832674

SER PUTA

Una guía brutalmente honesta

hacia la responsabilidad femenina

Xiomari Rosado

(Coach de Vida Internacional)

Autor: Xiomari Rosado

Diseño de portada: Xiomari Rosado

Corrección de estilo: Xiomari Rosado

Maquetación: Nohemi Alarcón

ISBN: 979-8-9955194-0-9

Primera edición.

Dedicatoria

A todas esas mujeres llamadas putas.

A las que se atreven a vivir su vida sin pedir permiso.

A las que han decidido mirarse con honestidad y hacerse responsables de sus elecciones.

A las que han dejado de vivir desde la culpa, el miedo o

la validación de otros…y han elegido vivir desde la conciencia.

A las que entienden que la verdadera libertad no está en hacer cualquier cosa, sino en hacerse cargo de lo que eligen.

A las que han descubierto que el amor propio no es perfección, sino responsabilidad con una misma.

Este libro es para ustedes.

Para las mujeres que viven, aman, desean, se equivocan, aprenden…

y aun así siguen caminando con la frente en alto. Porque ser libre no es esconderse.

Es mirarte a los ojos…

y sostener tu vida con conciencia. Con amor y respeto,

para todas las mujeres que se atreven a vivir desde su poder.

— Xiomari Rosado

Índice

Prólogo

Hay algo que casi nadie te dice cuando empiezas a vivir tu vida adulta. Estás jugando.

Jugando el juego de ser suficiente. Jugando el juego de ser deseada. Jugando el juego de ser puta.

Jugando el juego de no ser rechazada. Jugando el juego de demostrar que vales.

El problema no es el juego.

El problema es que la mayoría de las personas no sabe que está jugando. Y cuando no sabes que estás jugando, todo se siente personal.

Cuando alguien se va, sientes que algo está mal contigo. Cuando alguien te valida, sientes que tu valor aumenta. Cuando alguien te rechaza, sientes que pierdes algo.

Pero cuando empiezas a ver el juego, algo cambia. Empiezas a notar patrones.

Empiezas a ver cómo eliges ciertas situaciones.

Empiezas a reconocer que muchas de las historias que repites no son destino. Son inconsciencia.

Y esa realización puede ser incómoda.

Porque implica aceptar algo que muchas personas prefieren evitar. Tu participación.

No todo lo que ocurre en tu vida es tu culpa.

Pero muchas de las dinámicas que repites sí tienen algo que ver contigo. Con tus decisiones.

Con tus heridas.

Con lo que estás buscando sin darte cuenta. Este libro no fue escrito para juzgarte.

Fue escrito para despertarte.

Para ayudarte a ver lo que muchas veces evitamos mirar. Tus patrones.

Tus elecciones. Tu poder.

Porque cuando una mujer empieza a ver sus decisiones con honestidad, algo cambia. Deja de sentirse víctima de la vida.

Empieza a convertirse en jugadora.

Y jugar con conciencia es muy diferente a vivir reaccionando. Significa reconocer lo que eliges.

Significa entender por qué lo eliges.

Significa asumir las consecuencias de lo que haces. Eso no te vuelve perfecta.

Te vuelve responsable.

Y la responsabilidad no es una carga. Es poder.

Este libro no está escrito para mujeres que quieren seguir viviendo desde la inconsciencia.

Está escrito para mujeres que están listas para mirar su vida con claridad. Mujeres que están listas para dejar de repetir historias que ya no les sirven. Mujeres que están listas para jugar el juego de la vida de una forma distinta. Si estás leyendo esto, hay una posibilidad de que tú seas una de ellas.

Y si ese es el caso, hay algo que quiero que tengas claro desde el principio. Puedes vivir como quieras.

Puedes amar como quieras.

Puedes explorar tu vida como quieras.

Pero la libertad real siempre viene con algo. Responsabilidad.

Y por eso, antes de empezar este viaje, quiero dejar algo claro. Puedes ser quien quieras ser.

Puedes vivir tu vida como quieras.

Pero hay una verdad que nunca cambia. Pueder SER puta, pero haste cargo.

Capítulo 1

Ser Puta no es excusa para el sexo inconsciente

Hay una palabra que se repite mucho en nuestra cultura: Libertad. Libertad para amar.

Libertad para elegir.

Libertad para vivir tu vida como quieras.

Y una de las áreas donde esa libertad se ha vuelto más visible es en la sexualidad. Hoy muchas mujeres tienen algo que durante siglos les fue negado:

la libertad de decidir sobre su cuerpo. La libertad de tener sexo si quieren.

La libertad de decir que sí. La libertad de decir que no.

Y eso es algo profundamente valioso.

Pero con la libertad aparece algo que muchas veces nadie menciona: Responsabilidad.

Porque tener sexo con varias personas no es el problema. No hay nada inherentemente malo en explorar tu sexualidad. No hay nada malo en el deseo.

No hay nada malo en el placer.

El problema aparece cuando confundimos libertad con inconsciencia.

Cuando nuestras decisiones sexuales no nacen desde una elección clara, sino desde vacío.

Cuando buscamos en el sexo algo que en realidad es validación. Cuando usamos la conexión física para evitar mirar nuestras emociones. Ahí es donde el juego cambia.

Sexo y lo que realmente estamos buscando

El sexo tiene poder.

No solo físico.

Emocional.

Energético.

El cuerpo puede sentir placer, pero la mente muchas veces está buscando algo más profundo.

Sentirse suficiente.

Sentirse deseada.

Sentirse elegida.

Y cuando el sexo se convierte en una forma de llenar esas necesidades, algo cambia dentro de la experiencia.

Porque el cuerpo puede participar en el momento…

pero el alma sabe cuando algo no está alineado.

Por eso muchas personas han vivido esta experiencia: Un encuentro que parecía emocionante en el momento… pero después deja una sensación extraña.

No necesariamente culpa.

Pero sí una pequeña voz interna que pregunta:

"¿Esto era realmente lo que estaba buscando?"

Ese momento es importante.

Porque no es una señal de que el sexo esté mal.

Es una señal de que algo dentro de ti está despertando.

El juego de la libertad

La sexualidad también es parte del juego de la vida. Un juego donde cada movimiento tiene un efecto. Puedes acostarte con quien quieras.

Puedes explorar tu deseo.

Puedes vivir tu sexualidad con apertura. Pero cada decisión tiene energía.

Tiene impacto.

Tiene consecuencias emocionales. No como castigo.

Como resultado.

Porque la vida funciona así.

No castiga.

Responde.

La libertad sexual no es el problema. La inconsciencia sí.

Cuando el deseo es consciente

Hay una diferencia muy grande entre dos tipos de libertad. La libertad impulsiva.

Y la libertad consciente. La libertad impulsiva dice:

"Voy a hacer lo que quiero en este momento."

La libertad consciente pregunta algo más profundo:

"¿Desde dónde estoy haciendo esto?"

Desde deseo genuino.

Desde curiosidad.

Desde conexión.

O desde soledad.

Desde validación.

Desde una necesidad de sentir algo que falta dentro. Dos personas pueden hacer exactamente lo mismo. Dormir con varias personas.

Explorar su sexualidad.

Pero una puede hacerlo desde poder. Y la otra desde vacío.

La acción puede ser la misma.

La conciencia es lo que cambia el significado.

La historia de Adelys

Adelys siempre se consideró una mujer libre.

No en el sentido superficial de la palabra.

En el sentido de que nunca sintió que alguien debía decidir sobre su cuerpo o su vida. Si quería amar, amaba.

Si quería irse, se iba.

Si quería explorar su sexualidad, lo hacía.

Durante años escuchó muchas opiniones sobre lo que una mujer "debería" hacer. Cuántas parejas eran aceptables.

Qué era demasiado.

Qué era incorrecto.

Pero Adelys nunca sintió que esas reglas definieran su vida. Para ella, la libertad también incluía su sexualidad.

Hubo momentos en su vida donde tuvo relaciones profundas. Y otros momentos donde simplemente exploró.

Con curiosidad.

Con deseo.

Con honestidad.

Durante mucho tiempo pensó que eso era todo lo que necesitaba entender sobre la liberta d.

Hasta que empezó a notar algo más profundo. No era el número de personas.

Era desde dónde estaba eligiendo.

Hubo momentos donde el sexo nacía desde deseo genuino. Desde conexión.

Desde placer compartido.

Y esos momentos nunca dejaron una sensación extraña después. Pero también hubo momentos diferentes.

Momentos donde el sexo no era realmente sobre deseo. Era sobre sentir algo.

Validación.

Escape. Distracción.

Y en esos momentos el cuerpo se sentía diferente después. No como culpa.

Más bien como una pequeña voz interna que decía:

"Esto no fue realmente lo que estabas buscando."

Ese fue el momento donde Adelys empezó a entender algo importante. La libertad no estaba en el número de experiencias.

La libertad estaba en la conciencia dentro de ellas. La libertad no está en lo que haces.

Está en la conciencia con la que lo haces.

Victimismo y responsabilidad

Hay algo que muchas personas hacen cuando empiezan a hablar de sus relaciones, su sexualidad o sus experiencias.

Buscan culpables.

El hombre que se fue.

La persona que no respondió.

La experiencia que no salió como esperaban.

Y aunque muchas veces hay situaciones donde alguien realmente actuó mal, hay otra pregunta que casi nadie se hace.

¿Dónde estaba yo en ese momento? No para culparte.

Sino para entender tu participación.

Porque cuando te colocas únicamente como víctima, pierdes algo muy importante. Tu poder.

El poder de aprender de lo que ocurrió.

El poder de elegir diferente la próxima vez.

La responsabilidad no significa que todo es tu culpa.

Significa que tu vida también está influenciada por tus decisiones. Y cuando empiezas a ver eso con honestidad, algo cambia.

Dejas de repetir patrones sin darte cuenta. Empiezas a jugar el juego con más conciencia.

Volviendo al juego

Este libro no está aquí para decirte cómo debes vivir tu sexualidad.

No está aquí para decirte con cuántas personas puedes o no puedes dormir. Ese no es el punto.

El punto es algo más profundo.

Que cuando tomas decisiones — sexuales o emocionales — estás jugando. Y cuando sabes que estás jugando, algo cambia.

Empiezas a mirar tus movimientos. Empiezas a notar tus patrones.

Empiezas a preguntarte algo poderoso:

¿Estoy eligiendo… o estoy reaccionando?

Porque cuando eres consciente, la libertad deja de ser un impulso. Y se convierte en una elección real.

Trágate Esto

Puedes vivir tu sexualidad como quieras. Puedes explorar.

Puedes amar.

Puedes cometer errores.

Puedes descubrir partes de ti que antes no conocías. Nada de eso está prohibido.

Nada de eso te hace menos valiosa. Pero sigue siendo parte del juego.

Y el juego siempre responde a cómo juegas.

No a lo que dices.

No a lo que justificas. A lo que eliges.

Porque al final del día, la verdadera libertad no es hacer lo que quieras.

La verdadera libertad es poder mirarte a los ojos después de tus decisiones. Y saber que fueron tuyas.

Capítulo 2

El dolor no es identidad

Todos tenemos una historia. Experiencias que nos marcaron. Momentos que dejaron huellas.

Relaciones que cambiaron algo dentro de nosotros. El dolor emocional es parte de ser humano.

Pero hay algo que ocurre cuando ese dolor no se observa con conciencia. Empieza a convertirse en identidad.

Decimos cosas como:

“Yo soy así.”

“Siempre me pasa lo mismo.”

“Siempre atraigo el mismo tipo de persona.”

Y poco a poco esa historia empieza a definir cómo vemos el mundo. No porque sea completamente verdad.

Sino porque es familiar.

Y lo familiar se siente seguro…

incluso cuando duele.

Porque cuando algo se vuelve familiar, deja de cuestionarse. Simplemente se acepta.

La mente empieza a repetir la misma narrativa.

Y cuando una historia se repite muchas veces, deja de sentirse como una interpretación. Empieza a sentirse como una verdad.

Pero muchas veces lo que llamamos “quién soy” no es más que una historia que aprendimos a repetir. Una historia que nació en un momento de dolor.

Y cuando esa historia no se cuestiona…

empieza a dirigir nuestras decisiones. Incluso nuestras decisiones sexuales.

Cuando el dolor también entra en tu sexualidad

Las heridas emocionales no solo afectan nuestras relaciones. También afectan nuestra sexualidad.

A veces usamos el sexo para sentirnos poderosas. A veces para sentirnos deseadas.

A veces para evitar sentir soledad.

A veces para sentir que todavía tenemos valor para alguien. El sexo en sí no es el problema.

El problema es desde dónde nace la decisión.

Cuando el sexo nace desde una herida, muchas veces termina reforzando esa misma heri da.

Porque por un momento parece que algo se llena. La atención de alguien.

La intensidad del momento. La sensación de ser elegida.

Pero cuando el momento termina…

muchas veces vuelve el mismo vacío.

Ese silencio interno que aparece cuando la intensidad desaparece.

Ese momento donde el cuerpo se calma…

y la mente empieza a preguntarse:

¿Qué estaba buscando realmente?

Y muchas veces la respuesta no es placer. La respuesta es validación.

Ser vista.

Ser elegida.

Sentir que alguien te desea.

Y cuando el sexo se convierte en una forma de buscar eso…

el juego se repite.

No porque quieras repetirlo.

Sino porque una parte de ti todavía está intentando llenar algo que quedó abierto hace mu cho tiempo.

Y mientras esa herida no se mira con conciencia…

sigue participando en tus decisiones.

Tu herida puede influir en tus decisiones. Pero no tiene que dirigir tu vida.

El juego del pasado

Cuando vivimos desde nuestras heridas sin darnos cuenta, seguimos jugando el juego de la vida con las reglas del pasado.

Tal vez eliges personas que confirman lo que ya crees.

Tal vez usas el sexo como una forma

de sentir control cuando en realidad lo que hay debajo es miedo. No porque el sexo esté mal.

Sino porque la decisión nació desde una parte de ti que todavía está intentando protegerse.

Las heridas muchas veces buscan lo que conocen. Incluso cuando lo que conocen es dolor.

Porque lo familiar se siente predecible. Y lo predecible se siente seguro.

Incluso cuando no es sano. Así el juego se repite.

Las mismas dinámicas. Las mismas emociones. Las mismas historias.

Hasta que algo cambia. La conciencia.

...Adelys

Después de empezar a cuestionar sus patrones, Adelys empezó a ver algo que antes no había notado.

Sus decisiones sexuales también estaban conectadas con su historia emocional. Había momentos donde el deseo era genuino.

Curiosidad.

Conexión.

Placer compartido.

Pero

también hubo momentos donde el sexo aparecía cuando algo dentro de ella se sentía vacío.

La atención de alguien.

La energía de una nueva conexión. La intensidad del momento.

Por un instante todo parecía sentirse mejor. Pero después venía el silencio.

Ese momento donde la intensidad desaparece y solo queda la verdad interna. Y fue en esos momentos cuando Adelys empezó a preguntarse algo nuevo:

¿Estoy eligiendo desde libertad…

o desde una herida que todavía no he mirado?

Esa pregunta empezó a cambiar su forma de jugar.

El momento en que empiezas a ver

Hay un momento en el crecimiento personal donde algo cambia. Empiezas a notar tus emociones antes de reaccionar.

Empiezas a reconocer cuándo una decisión nace desde deseo genuino…

y cuándo nace desde vacío. Ese momento es poderoso.

Porque cuando ves el patrón…

el patrón pierde parte de su poder. La conciencia no borra el pasado. Pero cambia tu próximo movimiento.

La conciencia no puede regresar al momento donde empezó la herida. No puede cambiar lo que ocurrió.

No puede borrar lo que alguien hizo o lo que tú hiciste. Pero sí puede cambiar algo mucho más importante.

Tu próxima decisión.

Tu próxima elección.

Tu próxima forma de jugar.

Porque cuando ves el patrón, ya no estás completamente atrapada dentro de él. Ahora tienes espacio.

Espacio para pausar.

Espacio para sentir.

Espacio para elegir diferente.

Y ese pequeño espacio…

es donde empieza la libertad.

No la libertad de escapar del pasado.

Sino la libertad de no repetirlo automáticamente. La libertad de ver tu historia…

sin permitir que escriba todo tu futuro.

El espejo

Detente un momento.

¿Hay momentos donde el sexo aparece cuando te sientes sola?

¿Hay momentos donde buscas sentirte deseada más que conectada?

¿Hay decisiones que después te hacen preguntarte qué estabas buscando realmente? Respira.

No necesitas culparte.

Solo necesitas mirar con honestidad. Porque cuando algo se vuelve visible… deja de controlar el juego en silencio. No eres tu herida.

Eres la conciencia que puede verla.

Capítulo 3

Ego, Validación y Poder

En el capítulo anterior hablamos de algo importante: las heridas.

Cómo nuestras experiencias del pasado pueden influir en las decisiones que tomamos en el presente, especialmente en nuestras relaciones y en nuestra sexualidad.

Pero hay otra fuerza que también participa en ese juego. El ego.

No el ego como algo negativo.

El ego como la parte de nosotros que quiere sentirse importante. Que quiere sentirse vista.

Que quiere sentirse elegida.

Ser deseada activa algo profundo dentro del ser humano. Cuando alguien te mira con deseo, algo dentro de ti responde.

Te sientes atractiva.

Te sientes poderosa.

Te sientes visible.

Y no hay nada malo en eso.

El deseo forma parte de la naturaleza humana.

El problema aparece cuando el ego empieza a dirigir el juego.

Cuando el deseo deja de ser una experiencia compartida…

y empieza a convertirse en una forma de medir tu valor. El ego quiere sentirse elegido.

La conciencia quiere elegir.

Cuando el sexo se convierte en validación

Hay una diferencia muy grande entre dos experiencias sexuales. La experiencia que nace desde deseo.

Y la experiencia que nace desde validación.

Desde afuera pueden parecer exactamente iguales. Dos personas.

Atracción.

Conexión.

Un momento íntimo.

Pero internamente pueden ser completamente diferentes.

Cuando el sexo nace desde deseo consciente, la experiencia se siente ligera. Hay curiosidad.

Hay presencia.

Hay libertad.

Pero cuando el sexo nace desde la necesidad de validación, algo cambia. La experiencia puede sentirse intensa al principio.

Pero después aparece algo más silencioso. Una sensación difícil de explicar.

Como si algo dentro de ti todavía estuviera buscando algo más. Porque el ego nunca se siente completamente satisfecho.

Siempre quiere otra confirmación. Otra mirada.

Otra prueba de que eres deseada.

Y cuando la sexualidad se convierte en una forma

de alimentar esa necesidad, el juego empieza a volverse repetitivo. No porque el sexo esté mal.

Sino porque el ego siempre quiere más. Más atención.

Más confirmación.

Más validación.

...Adelys

Hubo…

un momento en la vida de Adelys donde algo empezó a volverse imposible de ignorar. Una noche estaba sentada sola en su apartamento después de que alguien se había ido. Nada había salido mal.

La conversación había sido buena. La conexión física también.

Y aun así, mientras el silencio llenaba la habitación, algo dentro de ella se sentía distinto. No tristeza.

Más bien una especie de vacío tranquilo.

Por primera vez decidió quedarse con esa sensación en lugar de distraerse. Entonces apareció una pregunta incómoda:

¿Qué estaba buscando realmente?

Durante años Adelys había vivido su sexualidad con libertad. Había tenido relaciones profundas.

Y también momentos de exploración.

Pero ahora empezaba a notar algo más profundo.

Había experiencias donde el deseo nacía desde presencia y conexión. Y esas experiencias se sentían auténticas.

Pero también había momentos donde el sexo no era realmente sobre deseo. Era sobre sentirse deseada.

Sobre confirmar algo dentro de ella.

Y cuando empezó a ver esa diferencia, el juego cambió. No porque el sexo estuviera mal.

Sino porque ahora podía ver desde dónde estaba jugando.

Regresando a ti

Tal vez ahora mismo estás recordando tus propias experiencias. Momentos donde el deseo era claro.

Momentos donde simplemente querías explorar.

Y también momentos donde algo dentro de ti buscaba otra cosa. Tal vez atención.

Tal vez validación.

Tal vez sentir algo diferente. No porque seas débil.

Porque eres humana. Todos jugamos este juego.

La diferencia aparece cuando empezamos a verlo.

El verdadero poder

Durante mucho tiempo muchas mujeres creyeron que el poder en la sexualidad estaba en ser deseadas.

Pero el verdadero poder no está ahí.

El verdadero poder aparece cuando tu valor no depende de eso. Cuando puedes disfrutar del deseo sin necesitarlo para sentir tu valor.

Cuando puedes explorar tu sexualidad sin abandonarte a ti misma en el proceso.

Cuando el deseo deja de ser una forma de confirmar quién eres…

y se convierte simplemente en una experiencia.

Porque cuando tu valor ya no depende de ser deseada…

algo dentro de ti se vuelve más libre. Más tranquila.

Más clara.

Empiezas a notar algo importante. El deseo puede ser hermoso.

Pero no define tu valor.

La atención de alguien puede sentirse bien. Pero no determina quién eres.

Y cuando esa claridad aparece…

algo dentro de ti se vuelve más poderoso que cualquier validación externa. El verdadero poder no está en ser deseada.

Está en elegir con conciencia.

Despertar dentro del juego

La vida no es un sistema de castigo. La vida es un juego de conciencia. Cada relación muestra algo.

Cada decisión tiene sus consecuencias emocionales.

Y cuando empiezas a observar esas consecuencias, algo cambia. Empiezas a ver el tablero.

Empiezas a entender tus movimientos.

Y cuando eso ocurre, tu libertad no desaparece. Se vuelve más profunda.

Porque ahora ya no estás jugando desde el ego. Estás jugando desde conciencia.

Capítulo 4

El precio de jugar el juego conscientemente

Hay algo que muchas personas no dicen cuando hablan de despertar. La conciencia tiene un precio.

Mientras estás dormida dentro del juego, muchas decisiones ocurren automáticamente. Reaccionas.

Sigues impulsos.

Buscas validación sin darte cuenta. Repites patrones sin verlos.

Pero cuando empiezas a ver el juego…

algo cambia.

Empiezas a notar tus decisiones. Empiezas a reconocer tus patrones.

Empiezas a entender cuándo estás reaccionando y cuándo realmente estás eligiendo.

Y en ese momento la vida se vuelve diferente. Porque ahora cada movimiento tiene más claridad. Y con esa claridad también llega algo más.

Responsabilidad.

Ya no puedes decir que no sabías.

Ya no puedes fingir que no viste el patrón. Ahora sabes.

Y cuando sabes, cada decisión pesa un poco más. No como castigo.

Como conciencia.

La conciencia no te quita la libertad. Te quita las excusas.

Sexo después de la conciencia

Muchas mujeres descubren algo interesante cuando empiezan a despertar dentro del juego.

Su relación con la sexualidad cambia. No porque se vuelva más limitada.

Sino porque se vuelve más honesta. Antes el sexo podía ocurrir rápidamente. Atracción.

Un momento. Un impulso.

Pero cuando la conciencia entra en el juego, aparece algo nuevo. Presencia.

Empiezas a notar más claramente tus emociones.

Empiezas a reconocer cuándo el deseo nace desde conexión…

y cuándo nace desde soledad.

Empiezas a sentir la diferencia entre querer compartir energía…

y querer llenar un vacío.

Y aunque desde afuera la experiencia pueda parecer igual…

la energía interna cambia completamente.

Porque cuando estás consciente, ya no te abandonas tan fácilmente. Hay una parte de ti observando.

Sintiendo.

Preguntando.

¿Esto nace desde deseo…

o desde una necesidad de sentir algo? Y esa pregunta cambia la experiencia. No porque el sexo desaparezca.

Sino porque ahora aparece algo más profundo: Elección.

...Adelys

Con el tiempo, Adelys empezó a notar que su vida se sentía diferente. No porque el mundo hubiera cambiado.

Sino porque ella estaba jugando de otra manera. Antes muchas decisiones ocurrían rápidamente. Un encuentro.

Una energía.

Un momento de intensidad. Pero ahora había algo nuevo.

Un pequeño espacio antes de cada decisión.

Un momento donde podía sentir lo que realmente estaba ocurriendo dentro de ella. A veces ese espacio confirmaba su deseo.

Y cuando eso ocurría, la experiencia se sentía auténtica. Había presencia.

Había conexión.

Pero otras veces ese espacio revelaba algo diferente. Soledad.

Cansancio.

Una necesidad momentánea de sentirse deseada. Y cuando veía eso con claridad, el juego cambiaba. No porque el deseo desapareciera.

Sino porque ahora podía elegir con más honestidad. Hubo momentos donde decidió seguir adelante.

Y otros donde decidió no hacerlo.

Pero lo importante no era la decisión en sí. Era la conciencia detrás de ella.

Porque cuando eliges desde conciencia, el resultado interno se siente diferente. Hay más paz.

Incluso cuando la experiencia es intensa. Incluso cuando el deseo está presente.

Porque ahora no estás reaccionando.

Estás participando conscientemente en el juego.

El precio de la claridad

Cuando empiezas a verte con honestidad, algo cambia. Ya no puedes mentirte tan fácilmente.

Antes podías decir:

“Esto no significa nada.” “Solo fue un momento.”

“Solo estaba divirtiéndome.”

Pero cuando la conciencia aparece…

sabes cuándo lo es. Y cuándo no.

Sabes cuándo el deseo nace desde presencia. Y cuándo nace desde necesidad.

Sabes cuándo estás explorando…

y cuándo estás intentando llenar algo. Y esa claridad tiene un precio.

Porque ahora no puedes volver a la inconsciencia tan fácilmente. Ahora ves.

Y cuando ves el juego…

ya no puedes fingir que no lo ves.

La verdadera libertad

Muchas personas creen que la libertad significa hacer cualquier cosa. Pero la libertad real es algo diferente.

La libertad real aparece cuando puedes ver tus decisiones claramente…

y aun así elegir.

No desde impulsos.

No desde heridas.

Desde conciencia.

Eso no significa que nunca cometerás errores.

Significa que incluso tus errores se vuelven parte del aprendizaje del juego. Porque ahora hay algo presente que antes no estaba.

Observación.

Responsabilidad.

Elección.

El juego continúa

La vida nunca deja de ser un juego.

Las relaciones siguen siendo complejas. El deseo sigue existiendo.

Las emociones siguen siendo intensas. Nada de eso desaparece.

Lo que cambia es quién está jugando. Antes jugaba tu inconsciencia.

Ahora juega tu conciencia.

Y cuando eso ocurre, algo profundo cambia dentro de ti. Despertar no significa dejar de jugar.

Significa jugar con conciencia.

Capítulo 5

Cuando eliges jugar el juego

Después de todo lo que has leído en este libro, hay algo importante que entender.

La vida nunca deja de ser un juego.

Las relaciones siguen siendo complejas. El deseo sigue existiendo.

Las emociones siguen siendo intensas. Nada de eso desaparece.

Despertar no significa que la vida se vuelve perfecta. Significa que empiezas a verla con más claridad.

Empiezas a notar tus decisiones. Empiezas a reconocer tus patrones.

Empiezas a entender cuándo estás reaccionando…

y cuándo realmente estás eligiendo.

Y cuando eso ocurre, algo cambia profundamente dentro de ti.

Porque ahora sabes que cada movimiento que haces tiene consecuencias. No como castigo.

Como resultado.

La vida responde a lo que eliges.

La libertad siempre viene acompañada de responsabilidad.

La mujer que juega conscientemente

Una mujer que juega el juego conscientemente no es perfecta. No es una mujer que nunca se equivoca.

Es una mujer que se observa. Que aprende.

Que se hace cargo.

Es una mujer que entiende que su sexualidad es parte de su poder. Pero también parte de su responsabilidad.

Porque el sexo no es solo una experiencia física. También es emocional.

También es energética.

También deja huellas.

Y cuando una mujer entiende eso, su relación con su sexualidad cambia. No porque se vuelva limitada.

Sino porque se vuelve consciente. Ya no necesita esconderse.

Ya no necesita justificarse.

Ya no necesita fingir que no sabe lo que está haciendo. Ahora puede elegir.

Y esa diferencia cambia todo.

...Adelys

El proceso de Adelys no ocurrió de un día para otro. Fue un camino de observarse con honestidad.

De reconocer momentos donde sus decisiones nacían desde deseo verdadero…

y otros donde nacían desde heridas. Desde ego.

Desde necesidad de validación.

Hubo incomodidad al ver esas partes de sí misma. Pero también hubo claridad.

Poco a poco empezó a notar que su vida no cambiaba porque el mundo fuera diferente. Cambiaba porque ella estaba jugando el juego de otra manera.

Su libertad no desapareció.

Lo que cambió fue su conciencia.

Y cuando empezó a elegir desde esa conciencia, dejó de sentir la necesidad de justificarse ante otros.

Porque finalmente entendía desde dónde estaba viviendo su propia vida.

La palabra que muchas mujeres temen

Hay una palabra que muchas mujeres han escuchado a lo largo de sus vidas.

Una palabra que muchas veces se usa como insulto.

PUTA.

Durante mucho tiempo esa palabra estuvo cargada de vergüenza. De juicio.

De control.

Pero cuando una mujer empieza a verse con honestidad, algo cambia. Porque en ese momento entiende algo importante.

El problema nunca fue el sexo.

El problema siempre fue la inconsciencia.

La decisión de Adelys

Después de todo ese proceso, Adelys llegó a una conclusión simple pero poderosa. Durante años había escuchado la palabra "puta" usada como insulto.

Como una forma de controlar o avergonzar a

las mujeres que viven su sexualidad con libertad. Pero ahora veía las cosas de forma distinta.

El problema nunca fue el sexo.

El problema siempre fue la inconsciencia.

Así que decidió redefinir esa palabra para sí misma. No como una mujer que busca validación.

No como una mujer que se pierde en sus decisiones. Sino como una mujer que conoce su deseo.

Que no se esconde.

Que se hace completamente responsable de lo que elige vivir. Y en ese momento entendió algo aún más profundo.

Que la verdadera libertad no está en hacer cualquier cosa.

Sino en poder mirarte a ti misma con honestidad después de cada decisión.

Volviendo al juego

La vida sigue siendo un juego.

Las relaciones seguirán siendo complejas. El deseo seguirá existiendo.

Las emociones seguirán siendo intensas. Nada de eso desaparece.

Lo que cambia es quién está jugando. Antes jugaba tu inconsciencia.

Ahora juega tu conciencia.

Y cuando la conciencia entra en el juego, algo profundo cambia. Empiezas a vivir desde verdad.

Desde presencia. Desde responsabilidad.

Y entonces entiendes algo que muchas personas pasan toda la vida sin ver.

Que la libertad no significa hacer lo que quieras…

significa poder hacerte cargo de lo que eliges. Sin culpar.

Sin esconderte.

Sin fingir que no sabes. Con conciencia.

Con verdad.

Con responsabilidad. Puedes ser puta.

Pero hazte cargo.

Manifiesto Final

Este libro no fue escrito para decirte cómo vivir tu vida.

Fue escrito para recordarte algo que siempre estuvo dentro de ti. Tu poder de elegir.

Puedes vivir tu sexualidad.

Puedes explorar tu deseo. Puedes amar.

Puedes equivocarte.

Puedes experimentar.

La vida es un juego.

Siempre lo ha sido.

Pero cuando empiezas a ver el juego con claridad, algo cambia. Ya no juegas desde heridas.

Ya no juegas desde validación. Ya no juegas desde miedo.

Empiezas a jugar desde conciencia.

Y cuando eso ocurre, cada decisión se vuelve más honesta. Más real.

Más tuya.

No necesitas esconderte. No necesitas justificarte.

No necesitas pedir permiso para vivir tu vida. Solo necesitas una cosa:

Responsabilidad.

Porque la verdadera libertad no es hacer cualquier cosa. La verdadera libertad es hacerte cargo de lo que eliges. De tus deseos.

De tus decisiones.

De las consecuencias de tus movimientos. Cuando entiendes eso, algo profundo ocurre. Tu sexualidad deja de ser un lugar de confusión. Se convierte en un espacio de poder.

Un espacio de verdad. Un espacio de elección.

Porque al final del día, la vida sigue siendo un juego. Pero ahora sabes que estás jugando.

Y cuando sabes que estás jugando, algo cambia dentro de ti. Tus decisiones dejan de ser impulsos.

Se convierten en elecciones.

Tus experiencias dejan de ser accidentes. Se convierten en aprendizaje.

Y tu sexualidad deja de ser algo que ocurre sin conciencia. Se convierte en algo que eliges vivir.

Con presencia.

Con honestidad.

Con responsabilidad. Disfruta ser puta.

Pero hazte cargo de lo que eliges vivir.

Agradecimientos

Este libro no nació solo de palabras.

Nació de experiencias, de preguntas difíciles, de momentos de claridad y de muchas conversaciones con la vida.

Quiero comenzar agradeciendo a mi familia.

Por su amor, por su paciencia y por acompañarme en cada etapa de este camino. Gracias por sostenerme incluso cuando el camino no siempre fue claro.

A mis amigos, que han sido testigos de mi crecimiento, de mis dudas y de mis sueños. Gracias por escuchar, por apoyar y por recordarme quién soy cuando la vida me invitab a a olvidarlo.

A todas las personas que han confiado en mí a lo largo

de los años: en talleres, conversaciones, procesos y encuentros de transformación. Sus historias, su valentía y su deseo de vivir con más conciencia también viven dentro de estas páginas.

A quienes han creído en mí, incluso antes de que este libro existiera.

A quienes siguen creyendo hoy. Su confianza ha sido una fuerza silenciosa que me ha impulsado a seguir adelante.

A Dios y

al universo, por las lecciones, por los desafíos y por cada oportunidad de crecimiento q ue me ha traído hasta este momento.

Y finalmente, a cada mujer que tenga este libro en sus manos.

Gracias por atreverte a mirar tu vida con honestidad. Gracias por elegir la conciencia sobre la inconsciencia.

Gracias por recordar que la libertad siempre viene acompañada de responsabilidad.

Este libro también es tuyo.

Con gratitud,

Xiomari Rosado

Life Coach Internacional

Fundadora de Vortice Centro de Bienestar y Transformacion

www.ingramcontent.com/pod-product-compliance
Lightning Source LLC
LaVergne TN
LVHW010942110826
845149LV00013B/2719
* 9 7 9 8 9 9 5 5 1 9 4 0 9 *